Kinder(reim)geschichten

Für Aaron und Christina –

weil ihr mich immer wieder zum Lachen bringt

* * *

Aaron und Anja Stroot

* * *

Kinder(reim)geschichten

Mit Bildern

von Aaron Stroot

Bibliografische Information der Deutschen Nationalbibliothek:
Die Deutsche Nationalbibliothek verzeichnet diese Publikation in der
Deutschen Nationalbibliografie; detaillierte bibliografische Daten
sind im Internet über http://dnb.d-nb.de abrufbar.

Kinder(reim)geschichten
Copyright 2009 Anja Stroot Autorin
Herstellung und Verlag: Books on Demand GmbH, Norderstedt

ISBN:9783837034356

* *

Inhalt

Der Dinosaurier   6

Der Leuchtturm   8

Muck, der kleine grüne Drache   10

Die schöne Fee   12

Der große Ritter   14

Lillis Schokoladenwelt   16

Das Rennauto   21

Das Schlaraffenland   22

Der Schneemann   24

Pingo und Bobo   27

Der Fußballstar   32

Hack, der hässliche Pirat   34

Das Piratenschiff   36

Die Polizei   38

Die Feuerwehr   39

Die Prinzessin Kunigund   40

Das Krokodil   43

Die Giraffe und die Schlange   46

Der Elefant   47

Der Wettkampf des Löwen   48

* *

* *

Der Dinosaurier

Einst schwebte überm großen Meer
ein Dinosaurier umher.
Er breitete die Flügel aus,
flog stolz daher mit viel Gebraus.

Als er einen Fisch entdeckte,
wollt er wissen wie er schmeckte.
Fing ihn aus dem Meer heraus
und spuckte ihn gleich wieder aus.

Der Fisch fing lauthals an zu lachen:
„Such Dir lieber andre Sachen.
Ich will nicht Dein Essen sein!",
schwamm schnell in die Tiefe 'rein.

Der Dino flog im Sonnenschein,
fand die Geschichte hundsgemein.
Wollt nur noch nach Hause fliegen,
nie mehr Fisch zum Frühstück kriegen!

* *

* *

Der Leuchtturm

Ein ganz besonders schöner Turm,
die Schiffe lotst bei jedem Sturm.
In jede Richtung blinkt sein Licht,
kein Schiffer verliert hier die Sicht.

Seine Farben die sind rot und weiß,
zieht alle an aus weitem Kreis.
Die Menge kommt von nah und fern,
denn alle sehn den Leuchtturm gern.

Die Kinder wollen vorm Leuchtturm stehn
und ihn mal aus der Nähe sehn.
Wollen gerne rund rum laufen
und Eintrittskarten kaufen.

Er zieht sie so in seinen Bann,
noch mehr als der Klabautermann.
„Wohin soll es denn morgen gehen?"
„Wir wollen den Leuchtturm wieder sehen!"

* *

* *

Muck, der kleine grüne Drache

Muck, der kleine grüne Drache
schwor einst fürchterliche Rache.
Weshalb wusst er nicht genau,
dachte einfach es wär schlau.

Doch wie sollt er es anstellen,
Drachen können ja nicht bellen.
Auch kann er nicht richtig beißen
oder an den Haaren reißen.

Die andren groß und er noch klein,
was könnte da noch möglich sein?
Er könnte sicher Feuer spucken,
nur wer würde zusammenzucken?

Die Moral von der Geschicht'?
Besser ist, er tut es nicht!
Das weiß der Muck jetzt auch
und fühlt sich gut im Bauch!

* *

* *

Die schöne Fee

Es war einst eine schöne Fee
mit Namen Rote Desiree.
Sie zauberte tagein, tagaus,
aus dunklen Wolken Regen 'raus.

So gab es nur noch Sonnenschein
und jeder wollte gern draußen sein.
Ihr Feenstab trug einen schönen Stern,
der leuchtete von nah bis fern.

Der Himmel nur noch strahlend blau,
die Rote Desiree ist schlau.
Weiß immer, was zu machen ist,
im Notfall auch mit etwas List.

So brachte sie viel Gutes,
war immer frohen Mutes.
Was die Menschen auch anfingen,
sie würde ihnen Glück nur bringen!

* *

* *

Der große Ritter

Der große Ritter mit seinem Schwert
wurd schon für viele Taten geehrt.
Immer tapfer im Kampf dabei,
denn er konnte schon allerlei.

Stets brachte er den Sieg nach Haus,
zog dann auch seine Rüstung aus
und ließ es sich recht gut ergehn,
konnt Süßem gar nicht widerstehn.

Er aß und naschte immer mehr,
sein Bauch der rundete sich sehr.
Bald wurde er „runder Ritter" genannt,
als dieser war er nun bekannt!

* *

* *

Lillis Schokoladenwelt

„Ich will noch nicht ins Bett. Ich bin nicht müde!", schrie Lilli.
Aber es blieb ihr nichts anderes übrig. Ihre Mutter brachte sie
trotzdem in ihr Bett, deckte sie liebevoll zu und gab ihr einen
dicken Gute-Nacht-Kuss. „Schlaf gut, Süße, träum was
Schönes!", sagte sie. Danach ging sie raus.

Lilli nahm ihre geliebte Püppi und ihren Teddy fest in ihre
Arme. Dann drehte sie sich auf die Seite und schlief ein…

Zusammen mit ihren Freunden Püppi und Teddy machte sie
einen wunderschönen Spaziergang. Wohin genau, wusste sie
auch nicht. Aber es gefiel ihr. Überall waren saftig grüne
Wiesen mit bunten Blumen, die in allen Farben leuchteten.
Auf dem Rückweg würde sie hier einen Blumenstrauß
pflücken. Was für ein schöner Weg, dachte sie. Wo er wohl
hinführt? Aber es war auch ein sehr langer Weg. Lillis Kräfte
wollten schon nachlassen, als sie am Wegesrand ein kleines
Tischchen sah. Darauf standen drei Becher Kakao und drei

* *

* *

kleine Stückchen Schokolade. Genau passend für Lilli, Teddy und Püppi. Außer ihnen war niemand dort. Also war es wohl für sie gedacht. Mit Genuss verspeisten sie es und setzten gestärkt ihren Weg fort. Immer wieder, wenn sie ein Stück gegangen waren, kamen sie an einem Tischchen vorbei, tranken Kakao, aßen Schokolade und gingen weiter. Schade, dass dort immer nur ein Stückchen von der Schokolade liegt, dachte Lilli. Sie schmeckt so lecker.

Von Weitem konnten sie etwas erkennen, was aussah wie ein wunderschönes Schloss. Das wollten sie sich ansehen. Sie liefen weiter, tranken, aßen und liefen wieder, bis sie endlich vor einem riesig großen weißen Tor standen. Das war das Eingangstor zum Schloss. Rundherum standen kleine braune Häuschen. Es sah so wunderschön aus, so faszinierend, als wäre alles hier aus Schokolade gebaut. Selbst die Luft war von einem verlockenden, süßlichen Geruch durchzogen.

Neugierig gingen sie durch das Tor. Alles war in braun und

* *

* *

weiß eingerichtet. Es gab Schränkchen, Bettchen, Tischchen und Stühlchen. Das Schloss hatte sehr viele Zimmer und einen riesigen Innenhof. Hier spielte schöne Musik. Prinzessinnen, Prinzen, Zwerge, Tiere, Teufel und Feen tanzten fröhlich dazu. Es schien das Fest der Märchenfiguren zu sein. Sie wurden sogar eingeladen, mitzufeiern. Und so tanzten Lilli, Teddy und Püppi mit. Es machte richtig Spaß. Aber warum waren sie bunt und alle anderen braun und weiß? Lilli traute ihren Augen nicht, als sie den Grund dafür erkannte. Alles um sie herum war aus weißer oder brauner Schokolade. Sie waren in eine Welt ganz aus Schokolade eingetaucht. Der Butler des Schlosses hatte sie eingeladen, sich überall an den Köstlichkeiten zu bedienen.

Sie konnten sich gar nicht satt sehen, geschweige denn satt essen. Am Stuhl brachen sie ein Beinchen ab und aßen es auf. Ebenso den hässlichen Frosch, den Teufel und ein ganzes Bettchen.

* *

* *

Sie gingen von einer Nascherei zur nächsten, bis Lilli
plötzlich und unsanft die Stimme ihrer Mutter hörte: „Lilli,
aufstehen!" Aber sie hörte gar nicht hin, drehte sich um und
wollte einfach weiter Schokolade essen. Aber ihre Mutter ließ
nicht locker: „Lilli, steh auf, du musst doch zum Kinder-
garten!"

Oh nein! Lilli ahnte nun, dass sie nur geträumt hatte. Sie
krabbelte aus ihrem Bett, in Gedanken noch immer in ihrer
Schokoladenwelt. Wie gern wäre sie noch länger dort
geblieben, wo alles aus leckerer Schokolade war.

„Mama, aber heute Abend will ich früher ins Bett!", sagte
Lilli. Denn sie hoffte, auf diese Weise schnell wieder in ihre
wundervolle Schokoladenwelt eintauchen zu können.

* *

* *

Das Rennauto

Ein Auto für das Rennen,
darf nicht den Start verpennen!

* *

22

* *

Das Schlaraffenland

Ich war einst im Schlaraffenland,

wo ich bloß Milch und Honig fand.

Fragt mich, warum es so hieße,

wenn dort nichts anderes mehr fließe?

Hingen dort doch Bonbons am Baum,

aus Lutschern wär der Gartenzaun,

noch Gummibärchen dazu,

ich wäre glücklich im Nu!

* *

24

* *

Der Schneemann

Hurra, hurra, endlich hat es geschneit,

hat sich Flocke für Flocke aneinander gereiht.

Schnee lockt die Kinder aus dem Haus,

denn er sieht einfach herrlich aus.

Bei einer wilden Schneeballschlacht,

das Kinderherz vor Freude lacht.

Und dann noch richtig rodeln gehen,

da lässt kein Kind den Schlitten stehen.

Auch die Mama hat viel Spaß,

die eben noch im Sessel saß.

„Brauchen noch einen Schneemann,

also an die Arbeit 'ran!"

* *

* *

Sind alle fertig mit dem Bauen,

mögen sie ihn gern anschauen.

Vielleicht bei einem heißen Tee,

wie schön und kalt ist doch der Schnee!

Der Schneemann lacht sie eisig an.

Sie haben ihren Spaß daran.

Wenn sie vor Kälte die Hände reiben,

wird der Mann aus Schnee noch etwas bleiben.

Sind vom Schnee die Wege frei,

ist auch seine Zeit vorbei.

Immer kleiner wird er dann,

der schöne, eisige Schneemann!

* *

* *

Pingo und Bobo

Der kleine Pinguin namens Pingo lebte mit seiner Familie in
Feuerland. Das ist in der Antarktis. Am liebsten spielte er mit
seinen Freunden auf den Eisschollen.

Eines Tages saß er wieder auf einer Scholle, als diese
plötzlich abbrach und durch die Strömung weg getrieben
wurde. Nun trieb er mit der Eisscholle tagelang über das Meer.
Er vermisste seine Freunde ganz schrecklich. Eine dicke Träne
lief über sein Gesicht.

Dann wurde die Luft allmählich immer wärmer. Plötzlich
sah er eine Insel im Meer. „Die sieht schön aus", dachte er.
Dort standen Palmen. Die hatte er noch nie zuvor gesehen. Er
kannte sie nur aus den Erzählungen seiner Eltern. In Feuerland
gab es solche Bäume nicht.

Inzwischen war er so nah an der Insel, dass er sie durch
Schwimmen erreichen konnte. Er sprang ins Wasser und
schwamm hinüber. Dann lief er über den weichen, weißen

* *

* *

Sand des Strandes. Unter einer Palme suchte er sich ein Schattenplätzchen und setzte sich hin.

„Wer bist du?", hörte er plötzlich eine Stimme. Aber er konnte niemanden sehen.

„Ich bin Pingo und wer bist du? Ich kann dich nicht sehen!", antwortete er.

„Sag mir erst ob du mit guter Absicht kommst oder nicht! Wenn du böse bist, lass ich etwas Stinkendes auf dich fallen und fliege weg!" sagte die unsichtbare Stimme.

„Nein, nein! Ich bin nicht böse, nur traurig. Eigentlich sollte ich in Feuerland bei meinen Freunden sein. Aber die Eisscholle auf der ich saß, ist abgebrochen und hat mich hierhin getrieben. Willst du mein Freund sein?", fragte Pingo.

„Hast du schon einmal einen Adler gesehen? Adler sind sehr schöne und mutige Vögel. Der mutigste von ihnen ist ihr König. Wenn du nach oben siehst, kannst du ihn sehen! Das bin ich. Mein Name ist Bobo! Wir können Freunde sein. Und da sich Freunde gegenseitig helfen, weiß ich auch schon, was

* *

du für mich machen könntest", erklärte Bobo.

„Ich habe sowieso nichts zu tun, also lass mal hören",
antwortete Pingo.

„Du musst in die Richtung schwimmen, in die ich gerade
gucke. Genau nach 75 Metern musst du an der Stelle 78 Meter
tief tauchen. Dort befindet sich eine Höhle, tauche hinein und
bringe mir den Schlüssel den du dort findest. Wenn du ihn
hast, halte ihn gut fest und komme ganz schnell wieder zurück!
Die Höhle könnte nämlich einstürzen. Wenn du mir den
Schlüssel bringst, sorge ich dafür, dass du in dein Land zurück
kommst." Er sah Pingo erwartungsvoll an.

„Ich weiß, dass es gefährlich wird, aber ich mache es. Es ist
meine einzige Chance wieder nach Hause zu kommen", sagte
Pingo. Mit einem Sprung war er im Wasser, schwamm wie ein
Weltmeister, tauchte unter und kurze Zeit später wieder auf. Er
hatte den Schlüssel im Schnabel und übergab ihn Bobo. Dieser
war überglücklich.

„Endlich habe ich ihn wieder. Es ist der Schlüssel zu meiner
königlichen Schatzkiste. Das hast du sehr gut gemacht, mein

* *

* *

Freund!", sagte der Adler.

„Warte hier, ich komme gleich wieder!" Er flog davon. Kurze Zeit später kreiste ein ganzer Schwarm von Vögeln über dem Meer. Sie zogen an Schnüren ein Boot hinter sich her.

Bobo landete wieder auf der Palme. „Also mein Freund, für deinen Mut sollst du belohnt werden! Hüpf in das Boot. Meine Freunde bringen dich in deine Heimat zurück! Es ist schön, dass wir uns getroffen haben. Ich bin stolz darauf, einen Freund wie dich zu haben! Ohne dich wäre der königliche Schatz verloren gewesen. Und du bist ein guter Pinguin, weil man sich auf dich verlassen kann. Ich wünsche dir alles Gute in deinem Land. Vielleicht komme ich dich da mal besuchen."

„Danke Bobo. Du bist ein toller Adler, ein guter König, aber was für mich viel wichtiger ist: du bist ein guter Freund! Ich hoffe, wir sehen uns bald wieder!"

Schnell kletterte Pingo in das Boot. Schon bald konnte man es nicht mehr sehen.

* *

* *

Der Fußballstar

Es war einmal ein Fußballstar,

der schoss den Ball ganz wunderbar!

Was kann es Bessres geben,

schoss nie den Ball daneben!

* *

* *

Hack, der hässliche Pirat

Hack, der hässliche Pirat
wollte Gold von 18 Karat.
Fand sogar 'nen echten Schatz,
doch beim Heben macht es „platz!"

Es plagte ihn sein schlechtes Gewissen,
die Hose war entzwei gerissen.
Hack wollt nun ein Guter sein,
nie mehr böse und gemein!

* *

* *

Das Piratenschiff

Es war einst ein Piratenschiff,
das fuhr im Sturm gegen ein Riff.
Es hatte schon viele Schätze gefunden,
die lange Zeit schon warn verschwunden.

Doch jetzt fiel alles Gold ins Meer
und dieses gab's nie wieder her!
Das Stehlen hat kein Glück gebracht,
war wohl der Piraten letzte Schlacht!

* *

* *

Die Prinzessin Kunigund

Die Prinzessin Kunigund
kleidete sich ganz schön bunt.
Trug heut ein oranges Kleid,
war die dunklen Farben leid.

Dann ritt sie hoch zu Ross
zum väterlichen Schloss.
Dort gab es einen Ball,
eröffnet mit Geknall!

Und der König der befahl:
„Heute gibt 's nur Damenwahl!"
Wollt für Kunigund einen Gemahl,
doch diese sich heimlich von dannen stahl.

* *

* *

Sie wollte lieber baden gehen,

statt dort im Rampenlicht zu stehen.

Und so geschah es heute auch,

sie zeigt der Sonne ihren Bauch.

Der König unterdessen fluchte,

weil er nach seiner Tochter suchte.

Doch die lag lieber faul am Strand,

das ist ja wirklich allerhand!

* *

* *

Das Krokodil

Es lebte einst ein Krokodil
an einem großen Fluss, dem Nil.
Hier schwamm es tagein, tagaus,
wollte manchmal einfach 'raus.

So lief es zu den Palmen hin
und suchte nach des Lebens Sinn.
Dann begann es sich zu recken,
sich einmal lang auszustrecken.

Dies Gefühl gefiel ihm sehr,
Beine kurz, der Körper schwer.
Musste eine Pause machen,
sich erholen und mal lachen.

* *

* *

Plötzlich sah es wie am Rand
eine schöne Palme stand.
Diese lud es höflich ein,
heute mal ihr Gast zu sein.

Denn sie konnte Schatten geben,
das ist in der Wüste Leben!
Dies wusst auch das Krokodil,
von dem großen Fluss, dem Nil.

Und die Ruhe die es fand,
machte es gleich ganz entspannt.
So fielen ihm die Augen zu
und es schlief tief und fest im Nu.

* *

* *

Der Wettkampf des Löwen

Die Sonne schien und es war ein schöner, warmer Sommertag.
Der Löwe lag in der Savanne im Schatten eines Baumes.
Gerade erst war er aufgewacht. Noch ein bisschen schläfrig
überlegte er, was er heute wohl machen könnte. Vielleicht auf
die Jagd gehen oder einfach den ganzen Tag faul dort liegen
bleiben. Aber er wollte gerne mal etwas anderes machen. So
überlegte er hin und her. Es wollte ihm einfach nichts
einfallen. Bis er plötzlich eine Schlange sah. Da kam ihm die
Idee. Er würde einen Wettkampf veranstalten und die
langsame Schlange besiegen. Sie wäre ein leichter Gegner für
ihn. „Hey Schlange, komm her und hör zu, was ich Dir zu
sagen habe. Ich will einen Wettkampf ausrichten. Du musst
gegen mich kämpfen und um die Wette laufen. Also lass uns
anfangen!" sagte der Löwe.

„Oh nein! Dazu habe ich keine Lust! Ist viel zu warm
dafür!" antwortete die Schlange und kroch schnell davon.
Der Löwe stand auf. Aber die Schlange war schon weg. Also

* *

* *

musste er sich wohl einen anderen Gegner suchen. Er lief
durch die Steppe und brüllte: „Hey, wo seid ihr alle?"

„Ich bin hier oben auf dem Baum! Was willst Du denn?",
rief der Affe.

„Hey Affe, komm her und hör zu, was ich Dir zu sagen habe.
Ich will einen Wettkampf ausrichten. Du musst gegen mich
kämpfen und um die Wette laufen. Also lass uns anfangen!",
sagte der Löwe.

„Ich soll gegen dich kämpfen? Das ist ungerecht! Da kann
ich nur verlieren. Dazu habe ich keine Lust!", antwortete der
Affe und kletterte auf die Baumspitze.

„Stell Dich nicht so an! Ich werd dich auch am Leben
lassen!", versuchte es der Löwe weiter.

„Nein, auf keinen Fall! Keine Lust!", sagte der Affe.
Leicht betrübt ging der Löwe weiter, schlich durch die Gräser
und hielt Ausschau nach einem Gegner. Da begegnete ihm der
Elefant. „Hey Elefant! Ich will einen Wettkampf ausrichten.
Du musst gegen mich kämpfen und um die Wette laufen. Also
lass uns anfangen!", sagte der Löwe.

* *

* *

„Viel zu anstrengend! Da muss ich mich ja schnell bewegen. Nein, das will ich nicht! Nichts für mich", antwortete der Elefant. Langsam wurde der Löwe traurig. Keiner wollte gegen ihn kämpfen. Dabei war es so eine gute Idee. Die Sonne schien auf sein Fell. Da ihm warm wurde, suchte er sich wieder einen Schattenplatz und legte sich hin. Er war schon fast wieder eingeschlafen, als jemand zu ihm sagte: „Hey Löwe, sollen wir ein Wettrennen machen?" Überrascht öffnete er seine Augen. Eine Wildkatze stand vor ihm. Schnell sprang er auf und sagte: „Ja, das ist eine gute Idee! Wir können einen Wettkampf machen und auch gegeneinander kämpfen. Was hältst Du davon?"

„Kämpfen will ich nicht. Das muss ich schon oft genug. Aber wir können das Wettrennen machen", antwortete die Wildkatze.

„Was bekommt der Gewinner von uns?", fragte der Löwe. „Ich habe nichts, was ich dir geben könnte. Aber weißt du, wir haben beide Spaß beim Wettrennen. Das ist doch die schönste

* *

* *

Belohnung oder findest du nicht?", fragte die Wildkatze.

„Ja, da hast Du Recht! Also los geht's!", schrie der Löwe.

Und schon rannten sie los. Mal war der Löwe vorn, mal die

Wildkatze. Es war ein Kopf an Kopf-Rennen. Sie rannten so

* *

* *

lange, bis sie beide erschöpft nebeneinander ins Gras fielen.

Keiner von beiden wollte vorher aufgeben.

„Es gefällt mir nicht, das sagen zu müssen. Aber wir haben beide gewonnen!", meinte der Löwe.

„Ja, wir waren gleich schnell. Aber weißt du, was das Gute daran ist?", fragte die Wildkatze.

„Was soll daran schon gut sein? Ich hätte lieber allein gewonnen!", antwortete der Löwe.

„Keiner von uns muss jetzt traurig sein! Wir beide sind Sieger und können unseren Sieg zusammen feiern!", meinte die Wildkatze.

„Mmh – ja, du hast Recht! Das ist eine auch eine gute Idee. Also los!", rief der Löwe.

Sie sprangen auf, hüpften und tanzten vor Freude. Immer wieder riefen sie ausgelassen: „Juhu, wir haben gewonnen!"

So lange, bis die Sonne über der Savanne unterging.

* *